BEI GRIN MACHT SICH IHR WISSEN BEZAHLT

- Wir veröffentlichen Ihre Hausarbeit, Bachelor- und Masterarbeit

- Ihr eigenes eBook und Buch - weltweit in allen wichtigen Shops

- Verdienen Sie an jedem Verkauf

Jetzt bei www.GRIN.com hochladen und kostenlos publizieren

Kernthesen der Persönlichkeitspsychologie. Kovariationsmodell nach Kelley, Attributionsfehler, und das Konzept des "Sensation Seeking"

Bibliografische Information der Deutschen Nationalbibliothek:

Die Deutsche Nationalbibliothek verzeichnet diese Publikation in der Deutschen Nationalbibliografie; detaillierte bibliografische Daten sind im Internet über http://dnb.d-nb.de abrufbar.

ISBN: 9783346236296
Dieses Buch ist auch als E-Book erhältlich.

Druck und Bindung: Books on Demand GmbH, Norderstedt Germany
Gedruckt auf säurefreiem Papier aus verantwortungsvollen Quellen

Das vorliegende Werk wurde sorgfältig erarbeitet. Dennoch übernehmen Autoren und Verlag für die Richtigkeit von Angaben, Hinweisen, Links und Ratschlägen sowie eventuelle Druckfehler keine Haftung.

Das Buch bei GRIN: https://www.grin.com/document/916333

Einsendeaufgabe

Persönlichkeits- und Sozialpsychologie

Inhaltsverzeichnis

Anmerkung der Redaktion: Die Aufgabenstellungen dieser Arbeit wurden aus urheberrechtlichen Gründen entfernt.

Abkürzungsverzeichnis

AC   Assessment Center

HRM   Human Ressource Management

Tabellenverzeichnis

1 „Kovariationsmodell nach Kelley"

Der Begriff Assessment kommt ursprünglich aus der Fiskalsprache und deren Praxis. Assessment bedeutet soviel wie Veranlagung, Festlegung oder Bestimmung. Ab dem 17. Jahrhundert wurde der Begriff auch als „Beurteilung einer Person" oder als „Einschätzung" verwendet. Im heutigen Human Ressource Management (HRM) gibt es unterschiedliche Formen von Assessments. Es gibt die Einzel-Assessments, die Team-Assessments, die Organisationsdiagnosen und die AC. Im Folgenden wird das AC weiter erklärt. Als AC wird ein ein- bis viertägiges Treffen definiert, bei welchem eine definierte Personenanzahl teilnimmt. Die Teilnehmer durchlaufen verschiedene Stationen, bei denen sie mit unterschiedlichen Aufgabenstellungen konfrontiert werden. Sie werden durch ebenfalls anwesende Assessoren beobachtet, beurteilt und bewertet.[1]

Das Kovariationsmodell von Kelley knüpft dabei an die Attributionstheorie von Heider an. Die Attributionstheorie beinhaltet die Annahme, dass Menschen versuchen das soziale Leben zu verstehen, indem sie sogenannte kausale Analysen durchführen und als „intuitive Psychologen" handeln. Bei der Beurteilung wird in internale und in externale Ursachen unterschieden. Internal bedeutet, dass die Ursache auf die Person zurückzuführen ist, welche beobachtet wird. External bedeutet, dass die Ursache in der Situation liegt, in der die beobachtete Person handelt.[2] Diese Vorgehensweise verfolgen Menschen im alltäglichen Leben, um sich Handlungen besser erklären zu können und sie besser zu verstehen. 1967 schrieb Harold H. Kelley einen Aufsatz, in dem er eine Erklärung liefert, die die Gegenüberstellung von Erfahrungen von Personen und der möglichen Ursachen von beobachtetem Handeln in verschiedenen Situationen beinhaltet. Er geht davon aus, dass Personen bei der Beurteilung des Verhaltens anderer und bei der Eindrucksbildung mehrere Beobachtungen und Informationen berücksichtigen. Es werden Daten über vergleichbare Fälle gesammelt und dann kausale Schlüsse gezogen. Die beobachtende Person versucht die Ursache oder den Grund für ein Handeln herauszufinden, indem sie beobachtet, welche vorhandenen Faktoren in Zusammenhang mit dem Ereignis konsistent bleiben und welche nicht. Diese Vorgehensweise wird in AC-Verfahren angewandt, da herausgefunden werden soll, ob sich der Bewerber für die Stelle eignet oder nicht. Als Ursachen für das erkannte Verhalten können drei Komponenten betrachtet werden, die Person selbst, das Objekt um das es geht und die Situation.[3] Damit ein Unternehmen von Beginn an die passenden Mitarbeiter

---

[1] Eck/Jöri/Vogt, 2015, p.5-6
[2] Aronson/Wilson/Akert, 2014, p. 114-115
[3] Jonas/Stroebe/Hewstone, 2014, p.75

einstellt, die auf Dauer einen gewissen Nutzen für das Unternehmen bringen, muss die Entscheidung über die Einstellung eines neuen Mitarbeiters gut überdacht werden. Je nach Tätigkeit des Unternehmens und Forderung der zu besetzenden Stelle sollten gewisse Fähigkeiten und ein gewisses Wissen bei den Bewerbern vorhanden sein. Um beurteilen zu können, ob ein Bewerber das nötige Know-How mitbringt, um passend für die Stelle zu sein, werden in meist größeren Firmen sogenannte AC-Verfahren eingesetzt. Die ausführenden Organe bereiten die Veranstaltung vor und koordinieren den Ablauf. Die folgenden Kriterien müssen im Voraus für jeden zugänglich sein, damit es im Rahmen des AC nicht zu Missverständnissen kommt.

- die rahmengebenden Bedingungen müssen geklärt sein
- Stellenbeschreibungen und Anforderungsprofile müssen vorliegen
- die berufsspezifischen Aspekte, sowie das Aufgabengebiet müssen klar definiert sein[4]

So kann das Kovariationsmodell von Kelley angewandt werden, indem die Beobachter die Person - den Bewerber/die Bewerberin, das Objekt - den Sachverhalt der Bewerbung und die Situation genauer untersuchen und beurteilen. Das Verhalten der Bewerber wird durch die Beobachter beurteilt. Es wird versucht, Ursachen und Gründe dafür zu finden, indem mehrere Informationen zusammengefügt und Daten aus vergleichbaren Situationen gesammelt werden. So werden die einzelnen Handlungen der Bewerber in unterschiedlichen Situationen über einen bestimmten Zeitraum beobachtet und die Ursachen für das Handeln anhand von Kelleys Kovariationsmodell beurteilt.

Wie wird das Bestehen oder das Nicht-Bestehen des AC beurteilt?

Das Gremium der Beobachter muss beurteilen, ob sich der Bewerber für die Stelle eignet und den Anforderungen entspricht oder nicht. Ebenso wird beobachtet, wie sich der Bewerber in Bezug auf gestellte Fragen und schwierige Sachverhalte verhält und wie Probleme aufgefasst und gelöst werden. Im zweiten Schritt wird geklärt, inwiefern sich der Bewerber auf das AC vorbereitet hat. Verfügt er über das nötige Grundwissen oder wird er von der Gruppe mitgezogen? Fällt er positiv oder negativ auf? Im dritten und letzten Schritt beurteilen die Beobachter, ob die Aufgabenstellung gegebenenfalls zu schwierig oder zu einfach gestellt waren. Haben alle Bewerber ohne Anstrengung bestanden, ist davon auszugehen, dass die Aufgaben zu einfach waren. Hatten alle Bewerber Schwierigkeiten mit der Lösung der Probleme, waren diese Problemstellungen eventuell zu schwer.[5] Das Kovariationsmodell zieht somit mehrere Informationsquellen heran, um zu adäquaten Schlussfolgerungen zu gelangen.

---

[4] Eck/Jöri/Vogt, 2015, p.9 P. 9
[5] Vgl. Wissenschaftsblock SRH Fernhochschule (2017)

Die Beobachter versuchen herauszufinden, ob ein Effekt der Handlung über die Zeit hinweg mit einer bestimmten Ursache kovariiert. Es wird beobachtet, ob ein Effekt im Zusammenhang mit einer Ursache auftritt und ausbleibt, wenn die Ursache nicht vorhanden ist. Wenn dies der Fall ist, kovariieren beide miteinander.

Folgende drei Informationsarten werden von den Beobachtern genutzt, um herauszufinden, welche Ursache einem Effekt zugrunde liegt.

Die Konsensusinformation

Die Konsensusinformation gibt Aussage über das Verhältnis von vielen Beteiligten auf einen Effekt. Handeln alle Beteiligten in der gleichen Art und Weise oder sind Unterschiede zu erkennen. Wenn der Effekt bei allen Beteiligten gleich ist, wird von einem hohen Konsensus gesprochen, dann liegt keine Kovariation vor. Wenn der Effekt nur bei einer Person zu beobachten ist, wird von einem niedrigen Konsensus gesprochen, dann liegt eine Kovariation vor. So wird im AC-Verfahren beobachtet, ob alle Personen gleich auf eine bestimmte Entität ansprechen oder Unterschiede zu erkennen sind.

Die Distinktheitsinformation

Die Distinktheitsinformation beinhaltet die Information, inwiefern der sichtbare Effekt oder die Handlung bei der beobachteten Person mit einer Entität zusammenhängt oder nicht. Eine hohe Distinktheit liegt vor, wenn der Effekt mit einer bestimmten Entität in Verbindung gebracht wird und in Verbindung mit anderen Entitäten nicht vorhanden ist. In diesem Fall liegt eine Kovariation vor. Eine niedrige Distinktheit liegt vor, wenn der Effekt auch bei ähnlichen Entitäten auftritt und somit nicht in Verbindung mit dem Effekt steht. Somit liegt keine Kovariation vor. Im AC-Verfahren, wird demnach analysiert, ob sich das Verhalten des Einzelnen mit einem bestimmten Effekt in Zusammenhang bringen lässt.

Die Konsistenzinformation

Die Konsistenzinformation bezieht sich auf das wiederholte Auftreten einer bestimmten Handlung oder Reaktion auf einen bestimmten Effekt unabhängig von der Zeit. Die Person wird somit zu verschiedenen Zeitpunkten mit einer gleichen Situation konfrontiert. Ist das beobachtbare Verhalten zu unterschiedlichen Zeitpunkten immer wieder dasselbe, liegt eine hohe Konsistenz vor und somit keine Kovariation. Wenn das Verhalten nur zu einem bestimmten Zeitpunkt auftritt, liegt eine niedrige Konsistenz vor. In diesem Fall wäre es eine Kovariation. Im AC-Verfahren kann beobachtet werden, ob sich ein Bewerber während des gesamten Bewerbungsprozesses bezogen auf einen bestimmten Effekt gleich verhält, oder ob sein Verhalten variiert.

Zuverlässigkeit und Pünktlichkeit. Bewerber K kommt zu spät zum AC.			
Konsensus	Distinktheit	Konsistenz	Attribution
(gering) K. ist der Einzige, der zu spät kommt.	(gering) K. kommt immer zu AC-Verfahren zu spät.	(hoch) K. kommt an allen Tagen zum AC-Verfahren zu spät.	Personalattribution Das „Zu spät kommen" kovariiert mit der Person K. Es liegt an K., dass er zu spät kommt.
(gering) K. ist der Einzige, der zu spät kommt.	(hoch) K. kommt normalerweise nicht zu spät zu AC-Verfahren.	(gering) K. kommt nur am ersten Tag zum AC-Verfahren zu spät.	Kontextattribution Das „Zu spät kommen" kovariiert mit der Situation. Irgendetwas an den Umständen des Morgens hat K. dazu veranlasst zu spät zu kommen.
(hoch) Alle anderen Bewerber kommen ebenfalls zu spät.	(hoch) K. kommt normalerweise nicht zu spät zu AC-Verfahren.	(hoch) K. kommt an allen Tagen zum AC-Verfahren zu spät.	Entitätsattribution Das „zu spät kommen" kovariiert mit dem Objekt, in dem Fall mit dem AC-Verfahren. Es liegt am AC-Verfahren, dass K. und die anderen zu spät kommt.
(gering) K. ist der Einzige, der zu spät kommt.	(hoch) K. kommt normalerweise nicht zu spät zu AC-Verfahren.	(hoch) K. kommt an allen Tagen zum AC-Verfahren zu spät.	Interaktion zwischen Person und Entität. Das „zu spät kommen" kovariiert mit Konrad in Verbindung mit dem AC-Verfahren. Es liegt an der Kombination von beiden Aspekten, dass K. zu spät kommt.

Tabelle 1: Prüfung der Zuverlässigkeit (Quelle: Eigene Darstellung)

Die Die Kombination aus den oben genannten Informationsarten ergeben eine Zuordnung zu gewissen Ursachen, auf denen der Effekt beruht. Es gibt die Personalattribution, bei welcher der Effekt mit der Person selbst kovariiert. Das Verhalten liegt an der Person selbst. Die Kontextattribution besagt, dass der Effekt mit der Situation kovariiert. Das Handeln ist in dem Fall abhängig von der Situation. Bei der Entitätsattribution kovariiert der Effekt mit dem Objekt. Die Handlung bezieht sich einzig auf das Objekt. Als letzte Möglichkeit gibt es die Interaktion zwischen Person und Entität. Das bedeutet, dass die Kombination aus der Person und der Entität zum beobachtbaren Handeln führt.[6] In der folgenden Tabelle werden den drei Informationsarten Beispiele angehängt, um so den Sachverhalt zu verdeutlichen. Das AC-Verfahren auf das sich die Beispiele beziehen, möchte folgende Informationen herausfinden. Zuverlässigkeit und Pünktlichkeit, Know-How, Teamfähigkeit, Allgemeinbildung.

---

[6] Jonas/Stroebe/Hewstone, 2014, p.75-77

Teamfähigkeit. V integriert sich nicht in die Gruppe.

Konsensus	Distinktheit	Konsistenz	Attribution
(gering) V ist die Einzige, die sich nicht in die Gruppe integriert.	(gering) V integriert sich in keine Gruppe.	(hoch) V integriert sich an keinem der Tage in die Gruppe.	Personalattribution Die fehlende Integration kovariiert mit der Person V. Irgendetwas an Ihr hindert sie daran, sich zu integrieren.
(gering) V ist die Einzige, die sich nicht in die Gruppe integriert.	(hoch) V integriert sich nur in dieser Gruppe nicht.	(gering) V integriert sich an einem bestimmten Zeitpunkt nicht in die Gruppe.	Kontextattribution Die fehlende Integration kovariiert mit der Situation. Irgendetwas an der Situation veranlasst V. sich nicht zu integrieren.
(hoch) Alle Beteiligten sind nicht bemüht darum, gemeinsam zu arbeiten	(hoch) V integriert sich nur in dieser Gruppe nicht.	(hoch) V integriert sich an keinem der Tage in die Gruppe.	Entitätsattribution Die fehlende Integration kovariiert mit der Gruppe. Es liegt an der Gruppe, dass V. sich nicht integriert.
(gering) V ist die Einzige, die sich nicht in die Gruppe integriert.	(hoch) V integriert sich nur in dieser Gruppe nicht.	(hoch) V integriert sich an keinem der Tage in die Gruppe.	Interaktion zwischen Person und Entität. Die fehlende Integration kovariiert mit V. in Verbindung mit der Gruppe. Es liegt an der Kombination von beiden Aspekten, dass sie sich nicht integriert.

Tabelle 2: Prüfung der Teamfähigkeit (Quelle: Eigene Darstellung)

Tabelle 3: Prüfung der Allgemeinbildung (Quelle: Eigene Darstellung)

Allgemeinbildung. Bewerber T verweigert den Handschlag zur Begrüßung während der Coronakrise

Konsensus	Distinktheit	Konsistenz	Attribution
(gering) T ist der einzige, der den Handschlag verweigert.	(gering) T gibt nie die Hand.	(hoch) T verweigert an allen Tagen den Handschlag.	Personalattribution Die Verweigerung des Handschlags kovariiert mit der Person. Es liegt an Ihm, dass er die Hand zur Begrüßung nicht gibt.
(gering) T ist der einzige, der den Handschlag verweigert.	(hoch) Normalerweise gibt T die Hand.	(gering) T. gibt an allen anderen Tagen die Hand	Kontextattribution Die Verweigerung des Handschlags kovariiert mit der Situation. Irgendetwas an der Situation veranlasst T., den Handschlag zu verweigern.
(hoch) Alle verweigern den Handschlag	(hoch) Normalerweise gibt T. die Hand.	(hoch) T. verweigert an allen Tagen den Handschlag.	Entitätsattribution Die Verweigerung des Handschlags kovariiert mit dem Handschlag selbst. Es liegt an der Aktion, dass T. und auch alle anderen den Handschlag verweigern.
(gering) T. ist der einzige, der den Handschlag verweigert.	(hoch) Normalerweise gibt T. die Hand.	(hoch) T. verweigert an allen Tagen den Handschlag.	Interaktion zwischen Person und Entität. Die Verweigerung des Handschlags kovariiert mit T. in Verbindung mit der Aktion des Handschlags. Es liegt an der Kombination von beiden Aspekten, dass er die Hand nicht gibt.

Know-How. M. beteiligt sich nicht an der Diskussion X und trägt nicht zur Lösungsfindung bei.			
Konsensus	Distinktheit	Konsistenz	Attribution
(gering)	(gering)	(hoch)	Personalattribution
M. ist der einzige, der sich nicht beteiligt und nicht zur Lösungsfindung beiträgt.	M. beteiligt sich an keiner Diskussion und trägt nie zur Lösungsfindung bei.	M. beteiligt sich an keinem der Tage an der Diskussion X und sucht keine Lösung.	Die fehlende Beteiligung kovariiert mit der Person. Es liegt an M., dass er sich nicht beteiligt.
(gering)	(hoch)	(gering)	Kontextattribution
M. ist der einzige, der sich nicht beteiligt und nicht zur Lösungsfindung beiträgt.	Bei allen anderen Diskussionen beteiligt sich M. und trägt zur Lösungsfindung bei.	M. beteiligt sich nur an einem Tag des AC-Verfahrens nicht an der Diskussion X.	Die fehlende Beteiligung kovariiert mit der Situation. Irgendetwas an der Diskussionssituation veranlasst M., sich zurückzunehmen.
(hoch)	(hoch)	(hoch)	Entitätsattribution
Alle anderen beteiligen sich ebenfalls nicht an der Diskussion X und suchen nicht nach einer Lösung.	Bei allen anderen Diskussionen beteiligt sich M. und trägt zur Lösungsfindung bei.	M. beteiligt sich an keinem der Tage an der Diskussion X und sucht keine Lösung.	Die fehlende Beteiligung kovariiert mit der Diskussion X. Es liegt am Thema, dass M. und auch alle anderen sich nicht beteiligen.
(gering)	(hoch)	(hoch)	Interaktion zwischen Person und Entität. Die fehlende Beteiligung kovariiert mit M. in Verbindung mit dem Thema der Diskussion X. Es liegt an der Kombination von beiden Aspekten, dass er sich nicht beteiligt.
M. ist der einzige, der sich nicht beteiligt und nicht zur Lösungsfindung beiträgt.	Bei allen anderen Diskussionen beteiligt sich M. und trägt zur Lösungsfindung bei.	M. beteiligt sich an keinem der Tage an der Diskussion X und sucht keine Lösung.	

Know-How. M. beteiligt sich nicht an der Diskussion X und trägt nicht zur Lösungsfindung bei.			
Konsensus	Distinktheit	Konsistenz	Attribution
(gering)	(gering)	(hoch)	Personalattribution
M. ist der einzige, der sich nicht beteiligt und nicht zur Lösungsfindung beiträgt.	M. beteiligt sich an keiner Diskussion und trägt nie zur Lösungsfindung bei.	M. beteiligt sich an keinem der Tage an der Diskussion X und sucht keine Lösung.	Die fehlende Beteiligung kovariiert mit der Person. Es liegt an M., dass er sich nicht beteiligt.
(gering)	(hoch)	(gering)	Kontextattribution
M. ist der einzige, der sich nicht beteiligt und nicht zur Lösungsfindung beiträgt.	Bei allen anderen Diskussionen beteiligt sich M. und trägt zur Lösungsfindung bei.	M. beteiligt sich nur an einem Tag des AC-Verfahrens nicht an der Diskussion X.	Die fehlende Beteiligung kovariiert mit der Situation. Irgendetwas an der Diskussionssituation veranlasst M., sich zurückzunehmen.
(hoch)	(hoch)	(hoch)	Entitätsattribution
Alle anderen beteiligen sich ebenfalls nicht an der Diskussion X und suchen nicht nach einer Lösung.	Bei allen anderen Diskussionen beteiligt sich M. und trägt zur Lösungsfindung bei.	M. beteiligt sich an keinem der Tage an der Diskussion X und sucht keine Lösung.	Die fehlende Beteiligung kovariiert mit der Diskussion X. Es liegt am Thema, dass M. und auch alle anderen sich nicht beteiligen.
(gering)	(hoch)	(hoch)	Interaktion zwischen Person und Entität. Die fehlende Beteiligung kovariiert mit M. in Verbindung mit dem Thema der Diskussion X. Es liegt an der Kombination von beiden Aspekten, dass sich nicht beteiligt.
M. ist der einzige, der sich nicht beteiligt und nicht zur Lösungsfindung beiträgt.	Bei allen anderen Diskussionen beteiligt sich M. und trägt zur Lösungsfindung bei.	M. beteiligt sich an keinem der Tage an der Diskussion X und sucht keine Lösung.	

Tabelle 4: Prüfung des Know-Hows

In allen vier Beispielen besteht die Möglichkeit, die Ursachen für das erkannte Verhalten des Bewerbers zu bestimmen, je nachdem ob Konsensus, Distinktheit und Konsistenz als hoch oder niedrig erkannt werden. Anhand dieser gesammelten Informationen könnten die Beobachter entscheiden, ob der Bewerber für das Unternehmen und die ausgeschriebene Stelle geeignet ist oder nicht.

Jedoch fehlt es in den meisten Fällen an ausreichend Information, um eine Situation tatsächlich bewerten zu können. Es werden Erfahrungen mit dem Vorliegenden verglichen, um sich dann ein Urteil zu bilden. Dies kann in manchen Fällen falsch sein, und zu verzerrter Beurteilung führen.[7]

2 „Attributionsfehler"

Der Attribuierungsprozess, welchen wir uns bei der Beurteilung von gewissem Handeln und dessen Ursachen zu Nutze machen, ist anfällig für Fehler. Nicht in jeder Situation verfügt man über ausreichend Informationen, um zu einem richtigen Ergebnis zu gelangen. So wird sich der Erfahrung mit ähnlichen Situationen bedient. Dies führt dazu, dass in der Beobachtung manchen Ursachen mehr und anderen weniger Gewichtungen beigemessen wird.[8] Es gibt mehrere Fehler, welche zu einer Verzerrung von Ursachenbeschreibungen führen.

Die bekanntesten Attributionsverzerrungen sind:[9]

Selbstwertdienliche Verzerrung

Die selbstwertdienliche Verzerrung beschreibt das Verhalten Menschen, die sich selbst oder ihr Handeln in ein „besseres Licht" stellen. Personen neigen bei der Beurteilung ihres eigenen Handels dazu den Erfolg als eine interne Ursache zu attribuieren, währenddessen das Versagen auf externe Ursachen attribuiert wird.[10] Hiermit wird das eigene Selbstwertgefühl gesteigert. Weiter werden Bedrohungen für die eigene Person geringer eingeschätzt als für anderen. Eine weitere Tendenz ist diese, dass davon ausgegangen wird, dass Schlechtes nur schlechten und unvernünftigen Menschen und Gutes nur guten Menschen zustößt. Jeder erhält somit das, was er verdient. Und da man sich selbst nicht als schlechten Menschen sieht, kann einem auch nicht Schlechtes zustoßen.[11] Wenn Menschen eine Bedrohung für Ihr Selbstbild empfinden, neigen sie dazu, die empfundene Realität in die für sie logische Richtung

---

[7] Jonas/Stroebe/Hewstone, 2014, p.77
[8] Jonas/Stroebe/Hewstone, 2014, p.89ff.
[9] Vgl. Hahnzog (2011)
[10] Vgl. Online Lexikon für Psychologie und Pädagogik (2020)
[11] Aronson/Wilson/Akert, 2014, p. 131

zu verzerren, um das Selbstbild und damit auch das Selbstwertgefühl aufrecht zu erhalten.[12]

Folgende Beispiele zeigen dieses Attributionsmuster:

Wenn ein Firmenleiter auf die zu bewertenden Quartalszahlen Bezug nimmt, macht er die momentanen Umstände der Wirtschaft oder die Motivation der Mitarbeiter dafür verantwortlich, wenn diese schlecht ausfallen. Sollten die Zahlen jedoch gut sein, erklärt er sich selbst als verantwortlich dafür und lobt seine Art zu führen und zu wirtschaften.

Der Teilnehmer im AC wird bei einer guten Beurteilung seiner Leistung davon überzeugt sein, dass er ausreichend dafür gelernt hat und bereit ist für weitere Aufgaben. Wenn die Bewertung schlecht ausfällt, liegt es aus Sicht des Teilnehmers am AC und dessen Vorbereitung, an den unfair gestellten Aufgaben oder falscher Vorbereitung von Seiten des Unternehmens.

Korrespondenzverzerrung oder Fundamentaler Attributionsfehler

Unter dem fundamentalen Attributionsfehler ist Folgendes zu verstehen: Bei der Beurteilung von Handlungen neigen Menschen dazu den Beobachteten für sein Handeln verantwortlich zu machen und dadurch den dispositionalen Faktor zu überbewerten. Gleichzeitig wird die Situation, in der die Handlung geschieht, also der situative Faktor unterbewertet.[131415]

Ein Beispiel hierfür wäre die Annahme, dass ein Teilnehmer faul oder unbegabt ist, wenn er eine Aufgabe nicht bestanden hat. Oder dass der Firmenleiter ungeeignet ist in seiner Funktion, wenn die Quartalszahlen schlecht ausfallen.

Ein weiterer Fehler ist der ultimative Attributionsfehler. Wenn das Verhalten einer Person darauf zurückgeführt wird, dass er Teil einer bestimmten sozialen Gruppe ist, wird vom ultimativen Attributionsfehler gesprochen. So können Vorurteile aufrechterhalten werden. [16]

Hier könnte das politische Engagement eines Firmenleiters für die schlechten Zahlen verantwortlich gemacht werden, da davon ausgegangen werden könnte, dass die Partei derer er angehört eine gewisse Unfähigkeit mit sich bringt. Die Leistungen des Teilnehmers könnte so erklärt werden, dass die Gruppierung derer er angehört nichts davon hält an ACs teilzunehmen und ihn auch gewissermaßen daran hindert.

---

[12] Vgl. ib
[13] Aronson/Wilson/Akert, 2014, p. 118ff
[14] Vgl. Repetico (2020a)
[15] Vgl. Online Lexikon für Psychologie und Pädagogik (2020b)
[16] Vgl. Repetico (2020b)

Die Korrespondenzverzerrung beschreibt die Tendenz, Persönlichkeitsmerkmale für das Handeln verantwortlich zu machen und die Macht, welche der soziale Einfluss auf das Handeln hat zu unterschätzen.[17][18] Der Firmenleiter könnte die Quartalszahlen manipulieren, um im sozialen Umfeld weiterhin als angesehener Geschäftsmann zu gelten. Seine Familie und seine Freunde gehen davon aus, dass er erfolgreich agiert und erwarten dies auch. Er möchte durch die Manipulation diesen Erwartungen gerecht werden, dies wird aber bei der Beurteilung dieser Tat nicht berücksichtigt. Wenn ein Teilnehmer einer bestimmten Gruppierung angehört, könnte diese für sein Handeln verantwortlich sein, aber es würde trotzdem davon ausgegangen, dass sein Handeln überwiegend nur an seinen Persönlichkeitsmerkmalen liegt.

In diese Gruppe zählt auch der Falsche-Konsensus-Fehler. Menschen neigen dazu, das eigene Handeln als „das richtige Handeln" vorauszusetzen. Es wird erwartet, dass sich andere Personen genau gleich verhalten, wie man es selbst tun würde.
Es wird davon ausgegangen, dass der Firmenleiter, als auch Teilnehmer in AC gleich handelt, wie man selbst handeln würde. Wenn dieses Verhalten abweicht, könnte diese Handlung als negativ oder falsch empfunden und dann auch so bewertet werden.[19]

Akteur-Beobachter-Divergenz / Akteur-Beobachter-Verzerrung

Die Akteur-Beobachter-Divergenz kann als Gegenstück der oben genannten Korrespondenzverzerrung bzw. dem fundamentalen Attributionsfehler betrachte werden.
Menschen neigen dazu, das Verhalten anderer auf ihre jeweilige Disposition zu attribuieren, wobei das eigene Handeln und Verhalten mit der Situation erklärt wird. Das liegt unter anderem daran, dass die Hintergründe des eigenen Handelns klar sind und dass genügend Informationen vorliegen, um das Handeln richtig zu bewerten. Diese Informationen liegen bei der Beurteilung fremden Handelns nicht vor, so kommt es in diesem Fall zu einer Verzerrung. Wenn ein Firmenleiter beobachtet wird, wie er einen Mitarbeiter lauthals zurechtweist, wird davon ausgegangen, dass dieser nicht geeignet ist Mitarbeiter zu führen und in gewisser Weise cholerisch ist. Es könnte sich hierbei um eine Fehleinschätzung handeln, da die Hintergrundinformation nicht vorliegt. So handelte der Mitarbeiter gegebenenfalls in der Vergangenheit falsch und schadete dem Unternehmen und beging denselben Fehler erneut. Dies würde das Verhalten des Firmenleiters erklären. So würde auch der Firmenleiter selbst argumentieren. Dem Teilnehmer in einem AC könnte unterstellt werden, er sei rücksichtslos, wenn beobachtet wird, dass er auf Fragen von anderen Teilnehmern nicht reagiert und keine

---

[17] Jonas/Stroebe/Hewstone, 2014, p.90ff.
[18] Vgl. Hahnzog (2011)
[19] Jonas/Stroebe/Hewstone, 2014, p.90-91

Hilfe anbietet. Er selbst könnte argumentieren, dass die anderen Teilnehmer seine Antworten immer als ihre eigenen Ideen verwenden, um einen höheren Stellenwert bei den Beobachtern zu erlangen. Aus diesem Grund teilt er sein Wissen nicht mehr mit anderen.

Um im Bewerbungsprozess so objektiv wie möglich erkennen und bewerten zu können, ist es wichtig, dass alle Beobachter neutrale Personen sind und sich nicht bereits im Voraus für einen bestimmten Bewerber entschlossen zu haben. Sie sollten möglichst frei von Vorurteilen sein, und nicht bereits in engerem Kontakt mit den Bewerbern stehen. Denn die Vorzüge von gewissen zwischenmenschlichen Beziehungen wären im Bewerbungsprozess für alle anderen Bewerber nicht fair. Diese hätten keine Möglichkeit, sich besser zu präsentieren, wenn es für den Beobachter bereits klar ist, für wen er sich entscheidet. So sollten solche Optionen im Voraus geklärt und im Unternehmen diskutiert werden. In einem AC schätzen mehrere Beobachter gleichzeitig das Verhalten und die Leistung von mehreren Teilnehmern ein, dabei sollten sie nach festgelegten Kriterien und definierte Vorgaben bewerten, welche im Voraus festgelegt wurden. Die Beobachter sollten über die verschiedenen Attributionsfehler aufgeklärt sein, und verstanden haben, welche Konsequenzen diese hätten.

Maßnahmen zur Fehlerreduktion

Training für Beobachter

Die wichtigste Maßnahme, um Attributionsfehler zu kontrollieren und zu minimieren ist, dass die Beobachter im Voraus geschult werden. Es müssen in einem „Training für Beobachter" die vorhandenen typischen Beurteilungs- und Beobachtungsfehler vermittelt werden. Zum einen sollte die Schulung einen theoretischen Teil beinhalten, welcher die Grundlage beinhaltet. Zum anderen müssen auch Fallbeispiele besprochen werden und verschiedene Situationen selbst durchlaufen werden. Praktische Übungen dienen dazu, dass der Beobachter in beide Rollen steigen kann, um im Nachhinein selbstreflektiert über sein Verhalten urteilen zu können. So kann jeder für sich selbst lernen, wie er sich in der jeweiligen Situation fühlt, um später die Situation der Teilnehmer im AC besser einschätzen zu können. Diese Schulungen können unternehmensintern durchgeführt werden, könnten aber einen höheren Profit bringen, wenn sie unternehmensübergreifend stattfinden. So können im direkten Austausch mit anderen Personen Erfahrungen ausgetauscht werden und neue Lösungsansätze zur Fehlerminimierung diskutiert werden. Die Beobachter können von Situationen und deren Umgang berichten und somit den anderen Schulungsteilnehmern mögliche Verhaltensweisen erklären, welche sie dann selbst in Zukunft anwenden können.

Mehrere Beobachter

Eine weitere Maßnahme zur Reduktion dieser Attributionsfehler ist, dass das Handeln und Verhalten der Teilnehmer von mehreren Beobachtern bewertet wird. Unter der Redewendung „Irren ist menschlich" ist zu verstehen, dass jeder Mensch Fehler macht, so auch die Beobachter in einem AC. Solche Fehler können nicht vollständig eliminiert, aber durch diese Maßnahme erkannt werden. Wenn die Mehrzahl der Beobachter zu einem Ergebnis kommen, und nur ein Einzelner ein anderes Ergebnis vorlegt, würde die Mehrheit entscheiden. Es entsteht ein „Mehr-Augen-Prinzip". Auch sollten im Verlauf der AC´s die Beobachterverteilung verändert werden, um ein vielfältigeres und somit aussagekräftigeres Ergebnis zu bekomme.

Unterschiedliche Situationen für die Teilnehmer

Die nächste Maßnahme ist, dass den Teilnehmern mehrere Aufgaben gestellt werden und sie mit mehreren Situationen konfrontiert werden, bei welchen immer das gleiche beobachtet werden soll. So werden die Leistungen und die Kompetenzen der Teilnehmer mehrfach beurteilt und können in ihrer Gesamtheit ein besseres Ergebnis liefern. Denn wenn ausschließlich eine Situation bewertet würde, kann das zu einer völligen Fehleinschätzung führen.

Änderung der Umgebung

Eine weitere Maßnahme ist, die Teams der Teilnehmer zu verändern. Wenn sich Teilnehmer aufgrund anderer Teilnehmer in ihrem Verhalten verändern und andere Verhaltensmuster zeigen, würde dies auffallen, wenn es nicht auch in Kombination mit anderen Teilnehmern auftritt.

Zeitmanagement

Als weitere Maßnahme sollte ein gutes Zeitmanagement bedacht werden. Der Zeitfaktor spielt eine große Rolle. Die Aufmerksamkeit beider Seiten nimmt mit der Zeit ab. So kann durch gut geplante Pausen und Möglichkeiten zur Entspannung diesem Problem entgegengewirkt werden. Die Teilnehmer stehen bereits unter einem höheren Druck als im alltäglichen Leben, da sie sich von ihrer besten Seite zeigen möchte, um den Job zu bekommen. So sollten regelmäßige Pausen dabei helfen, sich wieder zu sammeln, um danach mit neuer Energie die weiteren Aufgaben zu erledigen.

Dasselbe gilt für die Beobachter. Auch diese stehen unter Druck, und die Aufgabe in dieser Verteilung bedarf ein hohes Maß an Konzentration. So sollten auch diese regelmäßige Pausen einhalten, um sich danach wieder konzentrieren zu können.

3 „Sensation Seeking"

Marvin Zuckermann ist der Meinung, dass das menschliche Verhalten zu 60% von den jeweiligen Genen einer Person abhängt. Er geht davon aus, dass biologische Präpositionen dafür verantwortlich sind, dass bestimmte Verhaltensmuster erlernt und andere nicht erlernt werden können. Sensation Seeking wird durch ihn wie folgt definiert: *„Sensation Seeking ist eine Verhaltensdisposition, die durch das Bedürfnis nach neuen, abwechslungsreichen und komplexen Eindrücken und Erfahrungen und der dazugehörigen Bereitschaft soziale und physische Risiken in Kauf zu nehmen gekennzeichnet ist."*[20] [21]

Diese Menschen, bei denen solche Verhaltensmuster erkannt werden, nennt Zuckermann „Sensation Seeker". Damit sich ein Mensch wohlfühlt und zufrieden ist mit seiner derzeitigen Situation, bedarf es mehr oder weniger Stimulation. Menschen mit einem hohen Erregungsniveau brauchen nur eine geringe Stimulation von extern, um sich wohl zu fühlen. Solche Personen meiden teilweise Situationen, welche ihnen unbekannt sind. Sie brauchen eine ihnen bekannte Umgebung, welche ein gewisses Maß an Ordnung vorgibt. Im Gegensatz zu diesen, brauchen Menschen mit einem geringen Erregungsniveau eine hohe Stimulation von extern, damit sie sich gut fühlen und zufrieden sind. Sie suchen nach Unabhängigkeit und Veränderung.[22]

Um das Persönlichkeitsmerkmal Sensation-Seeking zu erfassen, veröffentlichte Zuckermann die Sensation Seeking Scale, welche seit ihrer Erscheinung bereits mehrfach verändert wurde. Mit dieser Scale wird Sensation Seeking mit vier Dimensionen erfasst:[23]

Thrill- and Adventure-Seeking – Suche nach Spannung und Abenteuer durch ungewöhnliche Reize und riskante und aufregende Tätigkeiten. Hier werden intensive physische Erlebnisse aufgesucht.

Experience-Seeking – Suche nach kognitiver Stimulation und neuen Erfahrungen. Diese Suche kann sich auf neue Reisen, Musik, durch Einnahme von illegalen Drogen oder einen außergewöhnlichen Lebensstil beziehen.

---

[20] Burst, 1999, p. 159
[21] Spielberger, 1972, p. 67
[22] Roth/Hammelstein, 2003, p. 8
[23] Zuckermann, 1971, p. 45ff

Disinhibition – Suche nach Stimulation, welche durch soziale Begegnungen gefunden werden kann wie zum Beispiel auf Partys. Suche nach Enthemmung, diese kann durch überhöhten Alkoholkonsum erreicht werden.

Boredom susceptibility – Langeweile wird nicht toleriert. Es besteht eine Intoleranz gegen Routinehandlungen. Es kann bei den Betroffenen zu Unruhe führen, wenn sie dementsprechend keine neuen Erlebnisse antreten.

Eine Person, die auf der Sensation Seeking Scale einen hohen Wert aufweist, bezeichnet man auch als High Sensation Seeker. Diese sind wie bereits beschrieben immer auf der Suche nach ungewöhnlichen und komplexen Reizen von außen. Ein High Sensation Seeker ist sich des Risikos, welches seine Aktionen mit sich bringen bewusst und sucht vielleicht gerade deshalb solche Situationen auf.

Konrad ist 24 Jahre alt und hat sich vor ein paar Tagen ein e-Bike gekauft. Diese Fahrräder sind so beliebt, da sie bis zu einer Geschwindigkeit von 25km/h durch den Motor unterstützt werden und so das Fahrrahfahren einfacher fällt. Das reicht Konrad aber nicht, und bemüht sich schon beim Kauf um ein Gespräch mit einem Mitarbeiter aus der Werkstatt, wie man das Fahrrad schneller machen könnte. Der Mitarbeiter erklärt ihm die Möglichkeit, dass der Motor das Fahren bis 50km/h unterstützen könnte, dies aber mehrere Risiken birgt und er auf jeden Fall einen Helm und auch andere Sicherheitsmaßnahmen dazu empfehlen würde. Das Fahrrad braucht dann eine Straßenzulassung, ein Nummernschild uns einen Spiegel. Da Konrad die Geschwindigkeit liebt und auch beim Autofahren immer schon mit überhöhter Geschwindigkeit fährt, lässt er sich den Motor so verändern, dass er bis 50km/h unterstützend wirkt. Nicht aber kümmert er sich um die Straßenzulassung und die anderen Vorschriften. Im Falle einer Kontrolle durch die Polizei, wird dieses Verhalten erhebliche Folgen für ihn haben. Das stört Konrad nicht, er empfindet dies sogar als Nervenkitzel, nicht erwischt zu werden. Und dadurch, dass die Promillegrenze beim Fahrradfahren bei 1,6 liegt, greift er viel öfter auf das e-Bike zurück, um kurze Strecken zurückzulegen und dabei auch etwas trinken zu können. Bei einer Geschwindigkeit von 50km/h gilt aber wieder die 0,5 Promillegrenze. Er ist sich dessen bewusst, aber auch hier spürt er das Verlangen nach dem Abenteuer erwischt zu werden. Er trifft sich seit er das e-Bike hat auch vermehrt mit den Jungs aus der Werkstatt, die ihm den Motor verändert haben. Auch diese sind so eingestellt wie er und generieren sich gegenseitig immer neue Abenteuer durch neue verrückte Ideen. Das seine ehemaligen Freunde versuchen ihn von gefährlichen und riskanten Aktionen zu warnen und sogar abzuhalten, interessiert ihn nicht. Diese Leute zählen als Langweiler und zur Langeweile ist er seiner Meinung nach nicht geboren. Er braucht die Geschwindigkeit, den Nervenkitzel und ist stetig auf der Suche nach neuen Erfahrungen und gewissen Risiken.

Das Persönlichkeitsmerkmal Sensation Seeking geht mit einer erhöhten Wahrscheinlichkeit einher, ein potentiell gesundheitsschädigendes und riskantes Verhalten zu verkörpern.[24] Low Sensation Seeker haben demnach ein nicht so gesundheitsschädigendes Risikoverhalten, wie High Sensation Seeker. [25] Nun kann davon ausgegangen werden, dass aufgrund der Werte auf der Sensation Seeking Scale Rückschlüsse gebildet werden können, ob diese mit einem Risiko in Verbindung stehen, gesundheitsschädliches Verhalten zu zeigen.

Dieses Konzept könnte folglich den Nutzen haben, durch die Bewertung primär herauszufinden, ob es sich bei der Person um einen High oder einen Low Sensation Seeker handelt. So könnten diese Personen unterschiedlichen Gruppen zugeteilt werden. Den unterschiedlichen Gruppen könnten dann potentielle Risiken zugeteilt werden. Die Gruppen, welche einen sehr hohen Wert nachweisen, sind der Literatur zufolge anfälliger für risikoreiches Verhalten, woraus geschlossen werden kann, dass auch die gesundheitsschädlichen Handlungen höher sind als bei Personen mit niedrigeren Werten. So könnte präventiv versucht werden, die Personen über ihre Eigenschaften aufzuklären und zu beschreiben, welche Folgen ihr Verhalten haben kann. Schwierig in diesem Zusammenhand ist, die Risiken nicht in den Vordergrund zu stellen, da diese den Reiz darstellen. Das Risiko, also der Reiz nach gewissen Aktivitäten muss in der Prävention so verändert werden, dass es für die betroffene Person als langweilig und monoton empfunden wird. Dann entsteht kein Reiz dazu, diese Aktion durchzuführen. So könnte das Risiko durch „Umpolung" der Ansichten bereits im Voraus reduziert werden.

Der praktische Nutzen des Konzepts kann zum einen präventiv und zum anderen korrektiv sein. Im Voraus kann durch die richtige Einschätzung einer Person herausgefunden werden, ob zum Beispiel ein erhöhtes Suchtpotential vorliegt. Diesem kann dann durch die richtigen Präventivmaßnahmen entgegengewirkt werden. Sollte solch eine Bewertung nicht im Voraus vorliegen, kann im Nachhinein versucht werden, das Verhalten zu korrigieren. Durch spezielle Interventionsmethoden könnten die zuvor erkannten und als reizvollen Risiken definierten Handlungen in „ein anderes Licht gerückt werden," um so das aktuell vorliegende Risiko zu minimieren und für die Zukunft gering zu halten.

---

[24] Suls/Rittenhouse, 1987, p. 164
[25] Spielberger, 1972, p. 68-72

Literaturverzeichnis

Aronson, E., Wilson, T.D., Akert, R.M. 2014. Sozialpsychologie
8. Auflage. Hallbergmoos: Pearson

Burst M., 1999. Zuschauerpersönlichkeit als Voraussetzung für Fernsehmotive und Programmpräferenzen. Medienpsychologie
Springer Verlag

Eck C.D., Jöri H., Vogt M., 2015. Assessment-Center Entwicklung und Anwendung
3. Auflage. Springer Verlag

Jonas K., Stroebe W., Hewstone M., 2014. Sozialpsychologie
6. Auflage
Springer Verlag: Berlin Heidelberg

Roth M., Hammelstein P., 2003. Sensation Seeking – Konzeption, Diagnostik und Anwendung
Hogrefe Verlag

Spielberger C.D., 1972. Anxiety as an emotional state
New York - Academic Press

Suls J., Rittenhouse J.D., 1987. Personality and physical health
Volume 55, Issue 2

Zuckermann M., 1971 Dimensions of sensation seeking. Journal of Consulting and Clinical Psychology

Internetverzeichnis

Hahnzog (2011): Attribution

http://www.hahnzog.de/organisationsberatung/sozialpsychologie-soziale-kognition/5

abgerufen am 25. Mai 2020

ib Hintergrundwissen „Selbstwertdienliche Verzerrung

https://www.imageberater-nrw.de/ib-kompetenzbereiche/psychologie/hintergrundwissen-selbstwertdienliche-verzerrungen-selbstwert-effekt/

abgerufen am 25. Mai 2020

Online Lexikon für Psychologie und Pädagogik (2020a): Selbstwertdienliche Verzerrung

https://lexikon.stangl.eu/4915/selbstwertdienliche-verzerrung/

abgerufen am 25. Mai 2020

Online Lexikon für Psychologie und Pädagogik (2020b): Attributionsfehler

https://lexikon.stangl.eu/2353/attributionsfehler/

abgerufen am 25. Mai 2020

Repetico (2020a): Soziale Kognition und Beziehungen

https://www.repetico.de/card-42411976

abgerufen am 25. Mai 2020

Repetico (2020b): Sozialpsychologie 1

https://www.repetico.de/card-17450752

abgerufen am 25. Mai 2020

Wissenschaftsblock SRH Fernhochschule (2017): Handlungsergebnisse erklären – Das Kovariationsmodell nach Kelley

https://www.wipub.net/wp/handlungsergebnisse-erklaeren-das-kovariationsmodell-nach-kelley/

abgerufen am 25. Mai 2020